INTRODUCTION

Greetins and Love!

Some people think fe write poetry yuh haffe walk the park fe gain inspiration.

Dem feel seh yuh will be inspired by de birds and de trees de flowers and de bees, but when I walk through de park I man step inna dog shit, I man get stung by bees which is brutality and when I step out a de park I man step pon another type a shit, political, which is de ghetto, I also get stung by de system with discrimination and de class structure.

Suh yuh find seh I poetry is not romantically originated.

In other words, using de word I jus scribe on de vibe.

As a yout growin with a Afro/Caribbean up bringin yuh find seh de poetry is not inna de queen's English, yuh will feel a certain vibration from de poetry which is rhythmic Afro Caribbean rhythms.

I seh Afro Caribbean because I an I were Africans carried beyond our borders, not by free will but by force.

Dis poetry come dis day fe communicate with dem has lost touch with I an I dis poetry come dis day fe express a feelin to dem and those dat don't understand I an I. Dis poetry come fe document I an I life inna Babylon and fe retain I an I culture inna strange land.

Dis poetry come fe give I an I equal rights with justice not just us de oppressa.

Suh dis works I man want fe share with each and everyone, to dem dat love I, and dem dat hate I.

RAS TAFARI

**SELAM NA WADADA DESTA
PEACE, LOVE AND JOY**

Levi Tafari

Levi Tafari

Duboetry

NATURAL BLACK

A nuh act
we a act
it is a natural fact
that the Africans
skin is black
and when Jah
created the sun
the said thing
our skin did attract

Did yuh know
Blackman
that yuh a African
nuh matter
which part a
de earth you
deh pon
suh nuh bother
tek that as shame
cause Smith and Brown
is not yuh real name

Yuh ever hear
a Chinaman
name Mr. Brown
or a Indian name
Mr. Smith
Suh we black people
a do with it
Colonial plan
them chuck pon
the blackman
We a African
nuh European

Yes them tek we
out a Africa
but them carn't
tek Africa out a we
Cause we naturally
Black
Heartically
Blackman a African
originally

Did yuh know
Blackman
yuh had a civilisation
before anybody else
pon creation
and from fe yuh
civilisations others
did come
yes even that of the European.

And did yuh know
Moses him was a
Blackman
yes its written
in the bible and the
holy koran
and he married
an Ethiopian
and is from deh suh
Christianity is coming from

If yuh want
a physician
we have the first one
yeah Imhotep
the Egyptian

now a Egyptian
is an African
just check its
Geographical position

Samson the worlds
strongest man
He was also another
Blackman
Yes he lost his
strength because
of a woman
but still lived
to free a whole nation

Then theres Cleopatra
the African Queen
the most beautifullest woman
yuh ever seen
yeah she was a woman
with grace and style
who use to travel
up and down the river Nile

Soloman was also
a blackman
the wisestman
pon creation
he ruled over
a Great Kingdom
this was done
with his wisdom

The Queen of Sheba
was a black woman
yes she was Queen
of the Ethiopians

she went to visit
King Soloman
fe gain Knowledge
plus she beared
him a son

When I talk of
His Imperial Majesty
I am talking about
Haile Selassie
King of the oldest Monachy
who revealed himself
as the Almighty
the King of Kings
and the Lord of Lords
the conquering Lion
of the Tribe of Judah
JAH RAS TAFARI

Suh don't let yuh
skin be a Bandage
of shame
cause we were
the first ones fe
rise to fame

This is what
the African did
I an I created
the Pyramids
we also built
a Giant Sphinx
with skill and Wisdom
it was no jinx

We discovered Maths
yes geometry
and excelled
in the craft of Masonry

We had Kings and Queens
to rule our land
and armies fe stop
any invadions.

Now when the whiteman
did think that
the earth was square
Black people didn't
have no fear
we sailed across
the seven seas
and left our culture
inna different countries

We built universities
in our land
we taught the Greeks
and the Romans
we did teach them
Architecture
and Astrology
We also give them
medicine
to keep them healthy
Art and craft
plus literature
these things were
a part of fe we culture

We played music
song and dance
in all things
we were well
advanced

Agriculture was
no problem
our forefathers
had ploughs
to help them

In religious matters
we never lack
yuh see Christ
Bhudda and Mohammad
them was black

We had fine garments
fe cover our backs
while the whiteman
wore furs and a
run around in packs
now that is the truth
not just a fact
the first civilisation
was black
Did you know
That?

BRITISH VAMPIRE

Britain
had an empire
and had I
have fe say
cause now
Liberation
has taken it away
the empire they had
left other nations sad
because its sole intention
was to do that which
was bad

Now they went
to other nations
told them this and that
left them nations starving
while they were getting fat
now I am not saying
the earth we should
not share
but mek sure every nation
gets its equal share

Yuh colonilised
parts of Africa
the West Indies
and India too
yuh took away their
precious stones
and all the crops they grew
yuh tired fe hide
their history and change
their traditions
by replacing it with

an illusion
and called it education

Now the education
in England
them seh is the
best in the world
that teaches its inhabitons
fe chase after
diamonds and pearls
success and prosperity
society can offer you
if you can deceive
your neighbour
suh them teach it
in their schools.

Religion played
a big part in the
Vampires lie
Teaching other
nations of a heaven
in the sky
them seh suh carnt
guh seh unless
yuh willing fe die
and with this
them tek advantage
fe suck them
nations dry

Now all colonilised
nations
a seek redemption
with knowledge
and overstanding
them a get liberation

them a tek them
independence
Cause them don't
have nuh more
blood fe drain
suh England
all I man a seh
your empire
was in vain.

WHO WAS PROSECUTED

Dis land dat
I live in
is full of terrorist
Dis land dat
I live in
is rigged with rapist
Murderas
Muggas and thieves
Who went to Africa
and raped I Great Grand Madda
Stole away I forefatha
also gold and silva
tek dem away yonda
far across de border
to destroy their culture
Now all thieves will be prosecuted
but what happen
to de sailor
who obtained a Royal Charta
to steal people from Africa
He was then knighted
and also recommended
to guh down inna history

as a great celebrity
Now all yuh businesses
inna dis country
yuh was built through slavery
a quick way fe mek yuh money
suh yuh can live comfortably
Now de message is to
all yuh businesses
rememba what your
forefathas did
I people yuh stole
and persecuted
and they were never
PROSECUTED.
ALL THIEVES SHOULD BE.

LAWS OF OPPOSITE

Try to Overstand
Said de lawd
of creation
That de earth
is not fulla contradiction
Its just the way
I planned it
Yuh see de earth
is governed by de
Laws of opposite.

De opposite to Jah
is Satan
De opposite to Man
is a Woman

De opposite to Beast
is Human
De opposite to Sea
must be Land
De Sun de Moon
De Stars in de Sky
these are de works
of de Almighty I.

De opposite to Good
dat is bad
De opposite to Happy
dat is sad
De opposite to Sane
mean yuh mad
One of these emotions
wi all have had
Now they might seem negative
Negative
But then they could
be positive
Theres two side to
everyting so Lets
go on with the reasonin.

De opposite to War
dat is peace
De opposite to de West
is de East
De opposite to Wrong
yes dats Right
De opposite to Black
dat is White
De opposite to Beautiful
is Ugly
De opposite to Free
is Captivity

De opposite to Wealthy
is poverty
De opposite to a Friend
is an Enemy
LOVE is a good remedy
Its been dat way since
Antiquity.

De opposite to ill health
is hearty
De opposite to lightweight
Happens to be heavy
De opposite to Smooth
dat is rough
De opposite to Tender
dat is Tough
Hot and Cold
Wet and Dry
Young and Old
De Truth a Lie
De opposite to Short
dat is Long
De opposite to Weak
dat is strong
And suh I could
go on and on
but now yuh should a
learnt de lesson
There is only two vibrations
Negative and Positive
De opposite to life
dat is Death
Its just dat Death
Hasn't received you yet.

DUBOETRY

Duboetry is reality
given to you
inna dis stylee
dis stylee come
to set you FREE
from political captivity
dat keeps yuh
down inna poverty
then controls yuh
MENTALLY
But mentally wi
should be free
Dats why I Chant
Duboetry
fe reach de world
SPIRITUALLY
Both Nationally
and Universally
Now universally
means everybody
I don't partical inna
which country
It could be far
across the sea
from a distance
you'll hear Duboetry
Inna de Sixties
wi heard jazzoetry
from de LAST POETS
Black revolutionaries
They chanted for
their Liberty
I can relate to dat
with Duboetry

Duboetry or Jazzoetry
Yes wi might be livin
inna diferent countries
but de struggle
is de same where
ever wi may be
WORD SOUN have POWER
come fe set wi FREE
Duboetry nuh inna dictionary
No its inna diffrent
Category
Its a function dat
come heartically
Inspired by de Almighty
Suh get fe know
Duboetry and mek
it part of your vocabulary
Then Listen to de Rhythm
Carefully
Rhythm and SOUNS
Vibrations all around
Scales, Notes
and Endless quotes
Duboetry is poetry
Dat come fe set de whole world
FREE
MENTALLY!

MICHAEL SMITH

Who kill Michael Smith
Who kill Michael Smith

I was troddin
down to London
fe check out fe sistrin
yes I was groovin
through Brixton
checkin out de runnins
de day dat I was travellin
I was feelin dread
until I reach I sista's yard
and I sista she said
Michael Smith is dead
a rock stone lick him
inna him head.

Chorus
Murdera dem a murdera
dem kill Michael Smith
inna Jamaica
Who do it who do it
Who kill I an I dub poet
Wi warn answer
Wi warn answer
Cause tings like did
carn't guh nuh furtha
Suh who do it who do it
Who kill Michael Smith

Michael Smith was a dubpoet
Livin inna Kingston
And I know Michael knew

Jamaica is fulla confusion
He write it inna his poems
and then chanted it to yuh
dat de runnins inna Jamaica
jus would not do
He did tell us about
Maggie Snatcher
When he came to visit England
and de way she treat de people
is all wrong
mad house, mad house,
mad house dat is what
Michael said and to
think that dem kill
Michael when dem
Should a kill de
oppressa instead.

Chorus

It was inna Jamaica
at a political meetin
When Michael ask
some questions to de
woman who was speakin
I hear she could not answer
and she did not feel a shame
cause Michael Smith
was revealin their wicked
political game
Suh de very next day
inna de same area
Michael was passin
de headquarters
When four men seh
"Well yuh a do on yah"

Michael seh
"dis is Jamaica and I man
free fe trod on yah"
suh de four man dem
turn murdera

Chorus

Now de four man
dem stone Michael
inna place call stoney Hill
yes de fourman
dem stone Michael
with a intention fe kill
a woman see what happen
and she went to help him
but de man dem was too dangerous
suh she could
do nuttin
on arrival at hospital
dat is when Michael died
and de woman went
to tell de authority
and de truth dem
tried fe hide.

Chorus

Now yuh betta
stop dis killin
in de name of Michael Smith
and wi want fe see
his muderas brought
to justice
Wi want a full inquiry
into Michael's death